album n° 26 de

Boule & Bill

par Roba

'faut rigoler!

Couleur : STUDIO LEONARDO

DARGAUD
BENELUX

Retrouve les autres aventures de **Boule et Bill** aux Éditions Dargaud :

T.25 Les V'là !
T.27 Bwoufallo Bill ?
T.28 Les Quatre saisons
T.29 Quel Cirque !

www.dargaud.com

Dépôt légal : d/2004/0086/205 • ISBN 2-87129-684-7
Imprimé par PPO Graphic, 93500 Pantin

THAT IS THE QUESTION.

(1) SI QUELQU'UN EN POSSÈDE UN, QU'IL ME FASSE SIGNE, MERCI. (NOTE DE L'AUTEUR.)

QUELLE ÉPOQUE !

WOW!
WAOW!
GRRR GRRR
GROWRGRRRR
1026A
GRGNNN!
RRGNNN!
GAW!
SCHTONG
CE TYPE A LA DROITE LA PLUS INTELLIGENTE DU MONDE !
AU FOND, LES OS EN CAOUTCHOUC, ÇA A DU BON !
Roba 1989
1026 B

CONTE DE BOCAGE.

MÉTÉO.

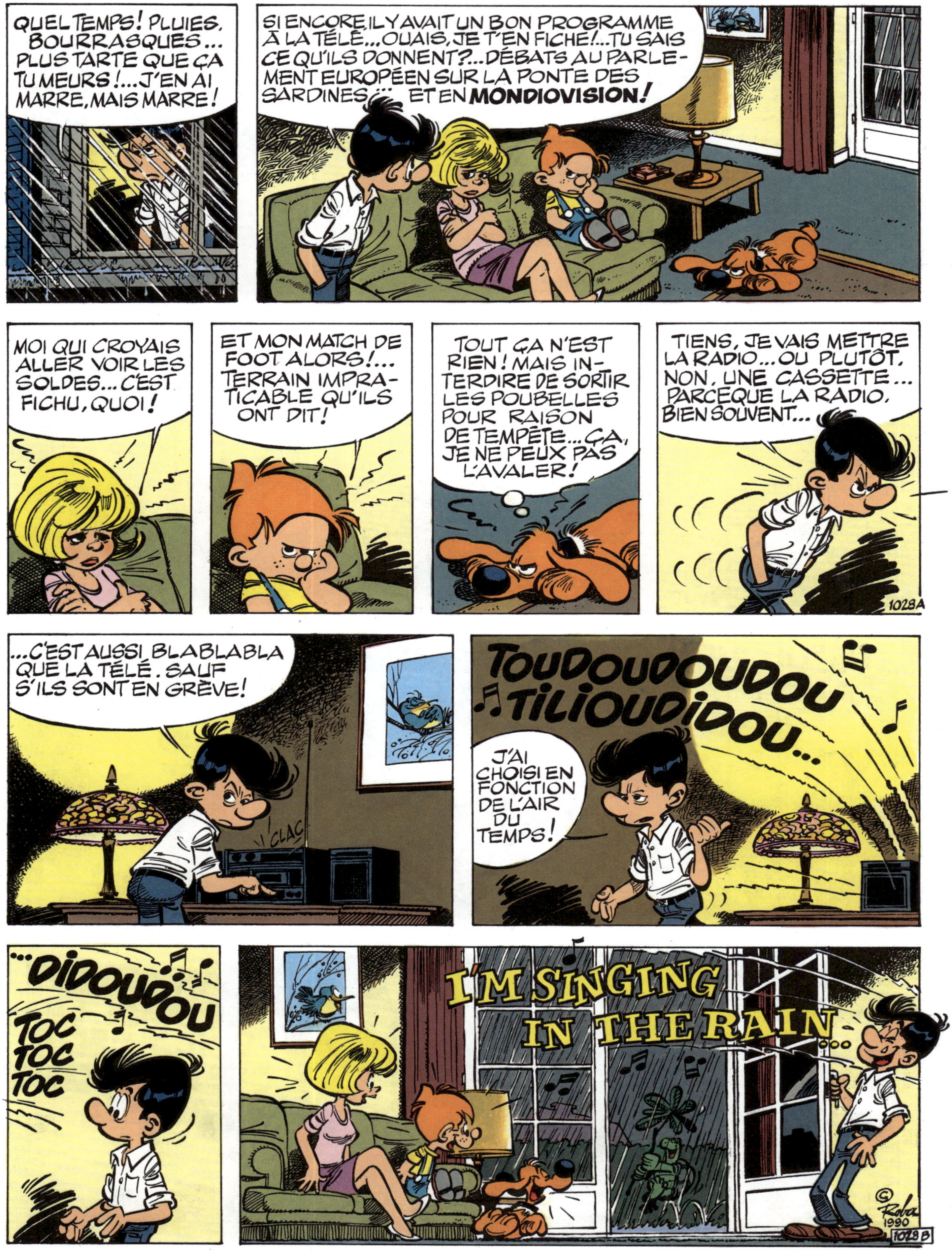
QUEL TEMPS ! PLUIES, BOURRASQUES... PLUS TARTE QUE ÇA TU MEURS !... J'EN AI MARRE, MAIS MARRE !
SI ENCORE IL Y AVAIT UN BON PROGRAMME À LA TÉLÉ... OUAIS, JE T'EN FICHE !... TU SAIS CE QU'ILS DONNENT ?... DÉBATS AU PARLEMENT EUROPÉEN SUR LA PONTE DES SARDINES... ET EN MONDIOVISION !
MOI QUI CROYAIS ALLER VOIR LES SOLDES... C'EST FICHU, QUOI !
ET MON MATCH DE FOOT ALORS !... TERRAIN IMPRATICABLE QU'ILS ONT DIT !
TOUT ÇA N'EST RIEN ! MAIS INTERDIRE DE SORTIR LES POUBELLES POUR RAISON DE TEMPÊTE... ÇA, JE NE PEUX PAS L'AVALER !
TIENS, JE VAIS METTRE LA RADIO... OU PLUTÔT, NON, UNE CASSETTE... PARCEQUE LA RADIO, BIEN SOUVENT...
1028 A
...C'EST AUSSI BLABLABLA QUE LA TÉLÉ. SAUF S'ILS SONT EN GRÈVE !
CLAC
TOUDOUDOUDOU TILIOUDIDOU...
J'AI CHOISI EN FONCTION DE L'AIR DU TEMPS !
...DIDOUDOU
TOC TOC TOC
I'M SINGING IN THE RAIN...
© Roba 1990
1028 B

ÉCHOLOGIE.

TIENS!...SI ON ALLAIT VOIR, CHÉRI!
OH, OUI, P'PA! OH, OUI!
ICI
L'ÉCHO LE PLUS LONG DU MONDE
CAISSE
GAG 1029
VOUS ÊTES TROIS PLUS UN CHIEN, ÇA FAIT QUATRE, DONC, C'EST 100 F. TOUT ROND!
QUOI?!? LE CHIEN AUSSI?!
LES CHIENS ABOIENT. DONC ILS USENT DE L'ÉCHO COMME TOUT LE MONDE! C'EST PAR LÀ.
100 BALLES! ILS FERAIENT MIEUX D'APPELER LEUR ÉCHO, "L'ÉCHO DE LA BOURSE"!
ÉCHO 50 m.
BON. ON ESSAYE? TOUS ENSEMBLE!
ICI ÉCHO
1029A
YABADA BADOUUU!
VORT AUX MACHES!
WAOUF!
YOU HOUUU!
?
?
?
ET ALORS?
ET ALORS!! IL N'Y A PAS PLUS D'ÉCHO QUE DE CONTRE-UT CHEZ UNE CARPE!
ET ALORS QUOI?
ET ALORS, JE FONCE AU BUREAU DU TOURISME DE LA RÉGION ET, LÀ, JE TE JURE QUE ÇA FERA DE L'ÉCHO!!
VORT AUX MACHES
YABADABADOUUU
!!?!!
YOU HOUUU
WAOUF
GAG 1029
© Roba 1990
1029 B

ENGELURES, ENGERADIEUX.

UN BEAU MATIN.

MY GOODNESS ! MY GUINESS !

NUIT D' ÉCHINE.

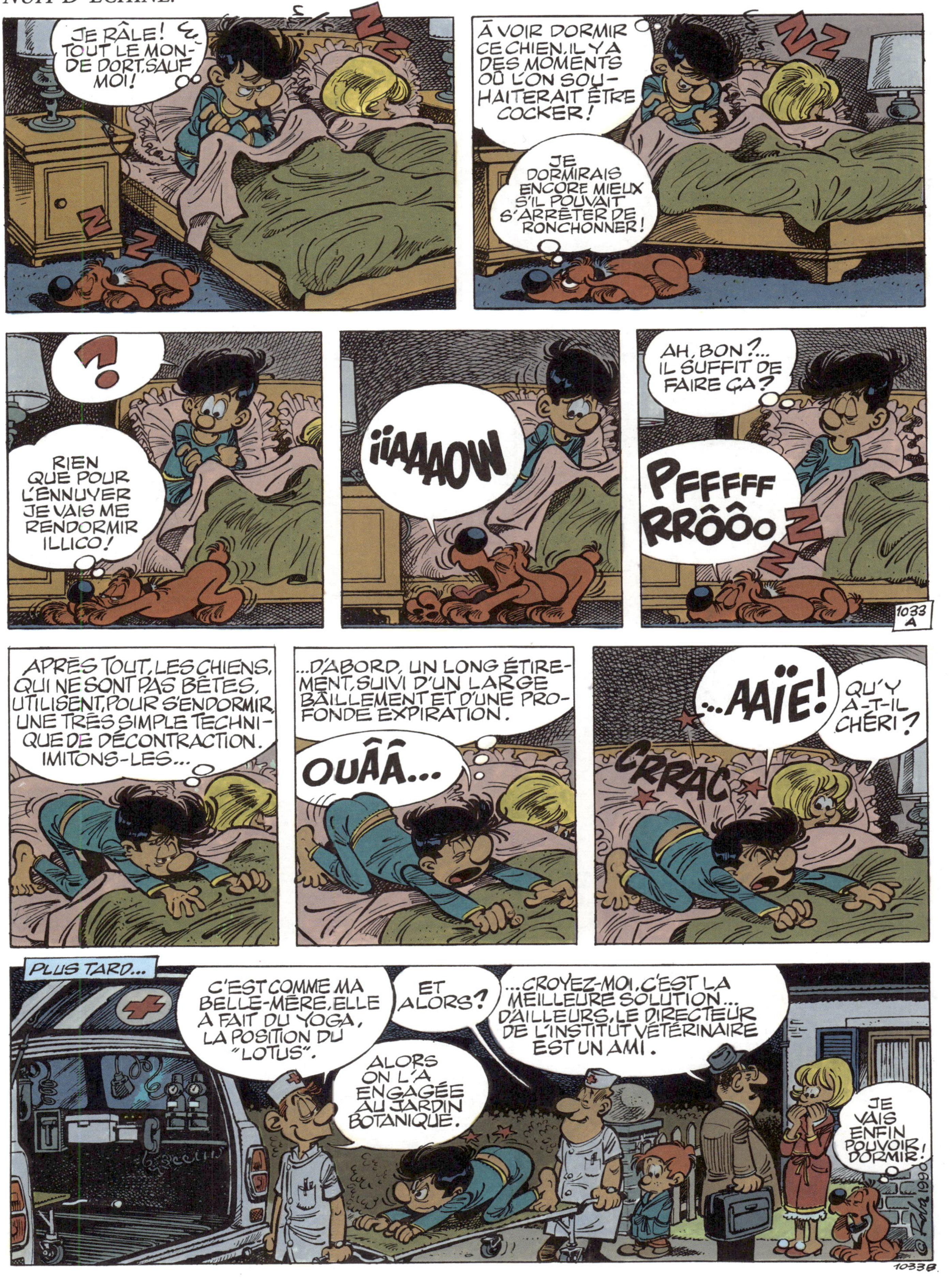

INTIMITÉ.

LE PETIT DORT COMME UN ANGE ET LE CHIEN DOIT EN FAIRE AUTANT... NOUS POUVONS PASSER À TABLE.
À NOUS LE PETIT SOUPER AUX "CHAMPADELLES"! (1)
(1) CHAMPAGNE ET CHANDELLES.
MON AMOUR, TES PETITS DÉS DE PORC À L'AIGRE-DOUX, AUX AIGUILLETTES DE CANARD LAQUÉ AUX MILLE DÉLICES, SONT TOUT SIMPLEMENT SU-BLI-MES!
TU ES MON PETIT "QUATRE ÉTOILES" À MOI!
BIZOU
TU SAIS QUE TU ES RAVISSANTE, TOI? SI ON ALLAIT PRENDRE LE CAFÉ ET LE "POUSSE CAFÉ" DANS LE DIVAN, HMMMM?
TU ME FAIS ROUGIR, GRAND FOU! VA PLUTÔT METTRE NOTRE DISQUE...
1034A
they say that falling in love is wonderful...
DIS, CHÉRIE, SI ON NE REGARDAIT PAS LA TÉLÉ, CE SOIR?
J'ALLAIS TE DIRE LA MÊME CHOSE.
it's wonderful... so they say...
WAF!
M'MAN! J'AI MAL AU VENTRE ET Y A PLUS DE PAPIER!
J'AI FAIM ET J'AI SOIF!
BILL
©Roba 1990
1034 B

AU VIOLON.

BONJOUR, M'SIEUR VIOLON !... ÇA MARCHE, AUJOURD'HUI ?
ÉH BIEN, NON ! POUR UNE VEILLE DE NOËL C'EST LE BIDE !
J'AURAIS JAMAIS DU APPRENDRE LE VIOLON !
NE DITES PAS ÇA, M'SIEUR, C'EST BEAU LE VIOLON !
SNIF SNIF
TU AS RAISON, C'EST VRAI... MÊME QUE MON VIOLON A UN TRÈS BEAU SON, JE TROUVE ...
... MAIS, VOIS-TU, CE QUI COMPTE, MAINTENANT, C'EST LES SYNTHÉTISEURS ...
1035A
... ÇA N'A PAS D'ÂME UN SYNTHÉTISEUR !
TU CROIS VRAIMENT QUE ...
ET MON FLAIR, QU'EN FAIS-TU ?
PERMETTEZ, M'SIEUR, J'EN AI POUR QUELQUES MINUTES !
SI EN PLUS ON ME VOLE MON VIOLON, QU'EST CE QUI ME RESTE ?!
CHHHT... TOUT VA S'ARRANGER !
QUELQUES MINUTES PLUS TARD...
?
IL PARAÎT QU'IL EST À VOUS CE VIOLON ?!
MON CHER, JE SUIS EXPERT EN VIOLONS ANCIENS ... MES BUREAUX SONT À DEUX PAS ... JE VOUS AFFIRME QUE VOUS POSSÉDEZ UN AUTHENTIQUE STRADIVARIUS !... MERVEILLE DU 17ème SIÈCLE !... JE PUIS VOUS LE NÉGOCIER À 2.000.000 DE DOLLARS, MINIMUM !
CROYEZ-VOUS QUE JE POURRAI ME PAYER UN SYNTHÉTISEUR ?!
© Roba 1990
1035 B

VOLE AU VENT.

Comme c'est joli un papier qui vole...
...pareil à la feuille jouant avec le vent...
...est-ce un message un tant soit peu frivole...
... adressé à une belle par quelque soupirant?...
1036 A
...Lors, plaise au dieu que l'on nomme Eole de l'accompagner d'un souffle clément...
... et que parmi les fleurs, en une cabriole, il finisse ses jours tout doucement.
TCHAC
MAIS IL EST FOU, CE CHIEN !
GRRRR
© Roba 1990 1036 B

TOUT EST FICHU.

SORTIE D' ÉCOLE.

BILL BIZNESS.

FOOTAISES.

P' PA, J'AI DEMANDÉ À MAMAN QUI M'A DIT QUE JE DEVAIS LE DEMANDER À TOI...
NOM DE ZEUS! C'EST SUR QUELLE CHAÎNE QU'ILS DONNENT LA FINALE DE LA COUPE?!?
ZAP ZAP
BELGIAN CHIPS
...IL S'AGIT D'UN PROBLÈME DE PARTAGE D'AUTORITÉ PARENTALE...
ILS L'AVAIENT POURTANT BIEN ANNONCÉE, MILLE MILLIONS!
REZAP ZAPZAP
...D'UN CÔTÉ, IL Y A MAMAN, DONC TON ÉPOUSE, QUI M'A RÉPONDU DE MANIÈRE TRÈS TRANCHÉE, JE TROUVE...
MAIS C'EST PAS VRAI!!... C'EST POURTANT L'HEURE DU DÉBUT DU MATCH !!
ZAP ZAP ZAP
...ET DE L'AUTRE, IL Y A TOI, MON PÈRE AU SOURIRE SI DOUX QUI D'UN MOT POURRAIT APAISER MON COURROUX.
MILLE MILLIARDS DE MILLE MILLIARDS DE BILLIONS DE !
CELLE-LA, IL FAUDRA LA REPLACER!
ZAP ET ZAP ET ZAP
1040A
D'AILLEURS JE PENSE QU'ENTRE HOMMES ON PEUT S'ARRANGER!
JE PARIE QUE CES ZOZOS SE SONT TROMPÉS DANS LEUR PROGRAMMATION OU PIRE, ILS SE SONT MIS ENCORE UNE FOIS EN GRÈVE, BANDE DE !!
PAS VRAI, P'PA?
QUAND JE PENSE QUE LE SPORTING, QUI DOIT ABSOLUMENT GAGNER, A PEUT-ÊTRE DÉJÀ MARQUÉ DEUX GOALS CONTRE L'OLYMPIC... J'ENRAGE!!
QUANT À TOI!... JE SUIS SÛR QUE MAMAN T'AURA DIT DE FAIRE TES DEVOIRS AVANT DE SONGER AU JEU, NON?... MAMAN A RAISON!... ET PUIS, D'HOMME À HOMME, PERMETS-MOI DE TE DIRE QUE MAMAN A TOUJOURS RAISON!
BON, PUISQUE C'EST AINSI, JE PEUX TE DIRE QUE LE MATCH A ÉTÉ AVANCÉ ET QUE LE SPORTING A ÉTÉ BATTU PAR 5 À 0! NA!
RRRAÂÂÂ
ZAP COUÏC!
OUUH! ÇA, C'EST DUR!
© Roba 1990
1040B

RECORD ABATTU.

DIALOGUES.

HÉLĀ!
TU N'ES QU'UN!
TOI-MÊME!
DE WIND VAN ACHTER
DE
1042 A
...BIZOU...BI-ZOU...BIZOU ...BIZOU... BIZOU...
ÉPHO
BOM
MAMAN!
SMACK
PAPA!
SMACK
BILL!
SMACK
SI VOUS SAVIEZ COMME ON EST BIEN CHEZ SOI!
???
SMACK
1042 B
© Roba 1990

C'EST L' PLOMBIER !

ON M'A CHARGÉ DE LA MISE EN SCÈNE DE LA MORT DE JULES CÉSAR, QUE L'ON VA DONNER À L'ÉCOLE... C'EST GENTIL DE BIEN VOULOIR M'AIDER, P'PA.
NORMAL... UN FILS METTEUR EN SCÈNE, C'EST PAS RIEN !
TIENS, METS CECI... TU TE SENTIRAS MIEUX DANS LE PERSONNAGE.
BONNE IDÉE.
DONC, TU ES JULES CÉSAR, TU TE SENS JULES CÉSAR ?
JAMAIS UN JULES NE S'EST SENTI AUSSI JULES !
NOUS SOMMES EN 44 AVANT JÉSUS-CHRIST. TU AS CONQUIS LES GAULES TU AS MARCHÉ SUR ROME, TU AS REMIS CLÉOPÂTRE SUR LE TRÔNE D'ÉGYPTE, TE VOILÀ CONSUL, IMPÉRATOR, ET DICTATEUR À VIE...
C'EST BIEN MOI, ÇA !
1044A
OUI, MAIS TU AS PRIS TROP D'IMPORTANCE !... LES ARISTOCRATES, VEULENT TA PERTE ! LE SÉNAT GRONDE EN CE JOUR DU 15 MARS !
QUOI ? LE SÉNAT GRONDE ? ET BIEN QU'IL GRONDE !... JE FERAI DES ÉLECTIONS, ÇA LES AMUSERA !
J'AI LE PEUPLE POUR MOI !
HÉLAS ! MALHEUREUX ! LES CONJURÉS T'ENTOURENT... DE LEURS TOGES SORTENT DES POIGNARDS QUI TE FRAPPENT À MORT ! PARMI CEUX-CI, CELUI DE BRUTUS, TON FAVORI !... ET TU MEURS EN DISANT **TU QUOQUE FILI !** (1)
JE SUIS CÉSAR, ET JE MOURRAI EN CÉSAR !
(1) TOI AUSSI, MON FILS !
KABOUM KAZAM ! KABONG !
PAPA !! TU N'AS PAS DIT **TU QUOQUE FILI !!**
PAS EU LE TEMPS ! ON NE M'A PAS DIT, NON PLUS, QUE LE RÔLE DE BRUTUS ÉTAIT TENU PAR BILL !!
AVÉ CÉSAR !
© Roba 1990
1044B

C'EST L'AUTOMNE... C'EST LE MOMENT DE L'ANNÉE OÙ JE ME POSE DES QUESTIONS.
TU VOIS, DU GENRE... D'OÙ VIENS-JE? QUI SUIS-JE? OÙ VAIS-JE? À QUOI SERS-JE?
RIEN QUE ÇA?
BILL! TU VIENS ENCORE DE TE VAUTRER DANS LE FAUTEUIL!
AH!?!
VOILÀ DÉJÀ UNE RÉPONSE À LA PREMIÈRE QUESTION!
C'EST VRAI. JE VIENS DU FAUTEUIL!
1045A
TU ES UN DÉGOÛTANT COCKER!
ET VOICI LA RÉPONSE À TA DEUXIÈME QUESTION!
OUI. QUOIQUE DÉGOÛTANT, JE SUIS UN COCKER!
BILL! VIENS ICI!
À MON HUMBLE AVIS CECI EST LA TROISIÈME RÉPONSE!
TIENS, OUI! JE SAIS OÙ JE VAIS!
BEN, VOILÀ!
ET JE SAIS AUSSI À QUOI JE SERS!
JE NE TE LE FAIS PAS DIRE!
© Roba 1990
1045B

À LA CORDE.

1, 2, 3, 4, 5, 6, 7...
AÏE ! AÏE ! AÏE !
...VIOLETTE, VIOLETTE ...
AÏE, AÏE AÏE, AÏE AÏE !!
1046A
1, 2, 3, 4, 5, 6, 7, VIOLETTE...
OUILLE ! OUILLE ! OUILLE ! OUILLE !
BONG !
... À BICYCLETTE !
ET VOILÀ CE QUI EXPLIQUE POURQUOI NOUS NE VOYONS PLUS LES PETITES FILLES DANSER À LA CORDE SUR NOS TROTTOIRS !
© Roba 1990
1046B

OFFRE D'EMPLOI.

INSTRUMENTS AVANT...

VIVE LE SPORT.

VOIRIE.

3467
1050 A
ALORS, JEF ?! TU VIENS, OUI ?!? ON N'A PAS FINI LA TOURNÉE, HEIN !
HÉ, LES GARS ! VOUS AVEZ VU ÇA ?
1050 B
REGARDEZ CE QUE LES GENS OSENT JETER ! DES BROSSES, DES SHAMPOOINGS, DES PEIGNES, UN BASSIN ET LE TOUT À L'ÉTAT NEUF !
TSSS !... IL Y EN A QUI NE SONT PAS VITE GÊNÉS !
©Roba 1990 1050c

SOLITUDE

TU AS À BOIRE ET À MANGER. NOUS REVIENDRONS DANS DEUX HEURES. ON COMPTE SUR TOI POUR GARDER LA MAISON !
COMMENT ÇA, PAUVRE BILL ? TIENS, JE PEUX TE DIRE EXACTEMENT CE QU'IL EST EN TRAIN DE FAIRE EN CET INSTANT PRÉCIS !
1051
EN EFFET...
ENFIN, LA PAIX !
1/2 HEURE PLUS TARD...
DRRIÏNG
BOMBOM BOM !
ALORS, VOISINS !
VIENS, CAPORAL ! PAS LA PEINE DE DEMANDER UN PEU DE LAIT AUX VOISINS !... ILS FONT LES SOURDS ET JE PARIE QU'ILS N'EN N'ACHÈTENT PAS... ILS ONT UN CHIEN !
1/4 D'HEURE PLUS TARD
DRRRING
1051A
QUAND IL S'AGIT DE PAYER LA TAXE SUR LES CHIENS, PERSONNE N'EST JAMAIS LÀ ! CONVOCATION AU COMMISSARIAT, ET ZOU !
1/2 HEURE PLUS TARD...
PIMMPONNPIMMPONN...
DÉROULEZ LE TUYAU, J'ATTAQUE LA PORTE À LA HACHE !
NON, CHEF ! NON !
ICI, C'EST RUE DUGAG !... C'EST RUE DEGAS QU'ON NOUS ATTEND, CHEF !
COMME C'EST CONTRARIANT !
20 MINUTES PLUS TARD
DRRIIIIINNG
DEPUIS LE TEMPS QUE JE SONNE... C'EST VRAIMENT QU'Y A PERSONNE !
BON ! J'ENTAME LA SERRURE !
WAOUUUUU...
ILS ONT UN SYSTÈME D'ALARME !
PIRE ! UN CHIEN ! FILONS !
ET ENFIN, 2 HEURES APRÈS.
TOI, ON TE RÉVEILLE EN SURSAUT, HEIN ?
1051B
© Roba 1991

CC-1410
PUIS-JE VOUS FAIRE UN AVEU, CAPITAINE ?
BEN SÛR, MA P'TITE DAME !
J'AI TOUJOURS AIMÉ LA MER ET LES GENS DE MER !...
AH, BON !
1052 A
... LES EMBRUNS, LE VENT DU LARGE ... ET PUIS, LES MERS DU SUD, LES ÎLES DU BOUT DU MONDE... VOUS COMPRENEZ ?...
BEN SÛR QUE JE COMPRENDS !
... ET PUIS, UN JOUR, ON SE MARIE... ON A UN MARI, UN PETIT GARÇON, ET MÊME UN CHIEN !
AH, ÇA ! SÛR QUE LA VIE ÇA VOUS A PARFOIS DE CES COUPS DE TABAC !
RATÉ !
HiiiYEK ! HiiiYEK !
PTHOU
ET VOTRE PETITE FAMILLE, ELLE N'AIME PAS LA MER ?
HÉLAS, NON ! ILS PRÉFERENT LA MONTAGNE !... ALLEZ DONC SAVOIR POURQUOI !
© Roba 1991
1052 B

QU'Y A-T'IL ?
BEN, JE VIENS DE PERDRE MES CLÉS !
IL FAUT ABSOLUMENT LES RETROUVER !
IL VAUDRAIT MIEUX !... JE N'AI PAS ENVIE DE DEVOIR CASSER UN CARREAU POUR ENTRER !
ELLES NE PEUVENT PAS ÊTRE LOIN SAPRISTI ! JE LES AI DISTINCTEMENT ENTENDUES TOMBER !
DIS, BILL !
ALORS, TU TROUVES ?
SI TU CROIS QUE C'EST FACILE, IL FAIT UNE NUIT D'ENCRE !
TU CROIS PAS QUE TU POURRAIS NOUS AIDER UN PEU ?
SI TU INSISTES !
1053A
WAF, WAF !
?
HÉ ! LES COPINES !
OOOH !
LES VOILÀ !
OUAIIIS ! GÉNIAL !
ON VA POUVOIR ENTRER !
QUELLE CHANCE !
GRWAF !
DITES, VOUS N'OUBLIEZ RIEN ?
MERCI LES LUCIOLES !
WAF !
AH ! TOUT DE MÊME !
© 1991
1053B

BOULE, VEUX-TU QUE JE TE DISE ?
QUOI ?
J'AIME BIEN LE VENT !
1054 A
CLONG
ET PUIS, ON VOIT DES GENS QUI ONT DES POSITIONS RIGOLOTES !
ET SURTOUT, PAR CE TEMPS LÀ, MES CHE-VEUX SONT DÉGAGÉS ET JE VOIS BEAUCOUP PLUS CLAIR !... DONC, J'AIME LE VENT !
EN TOUT CAS, J'EN CONNAIS UN QUI NE DOIT PAS ÊTRE DU TOUT DE TON AVIS !
VOUS NICHEZ DANS LE QUARTIER ?
© Roba 1991
1054 B

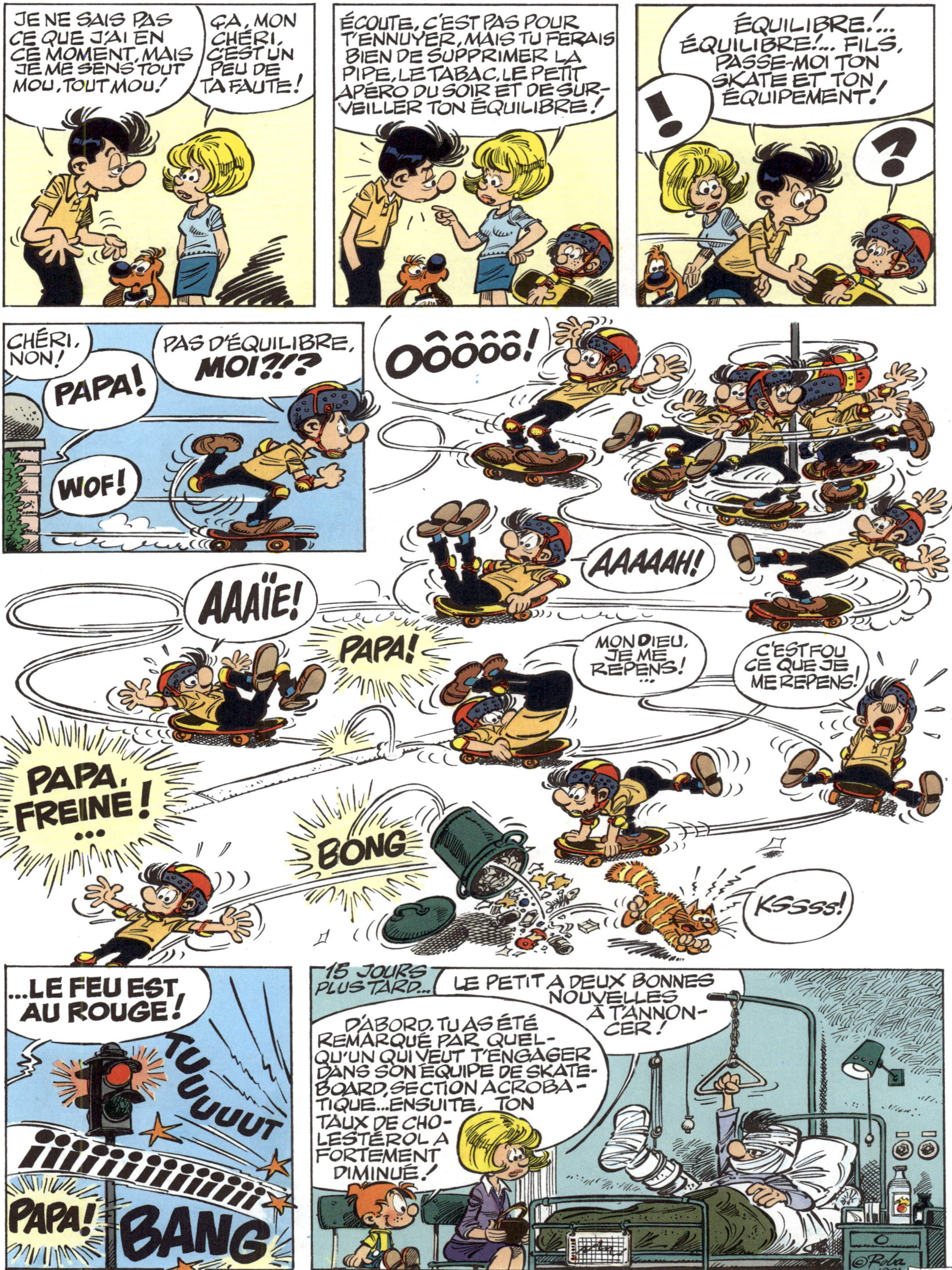
JE NE SAIS PAS CE QUE J'AI EN CE MOMENT, MAIS JE ME SENS TOUT MOU, TOUT MOU !
ÇA, MON CHÉRI, C'EST UN PEU DE TA FAUTE !
ÉCOUTE, C'EST PAS POUR T'ENNUYER, MAIS TU FERAIS BIEN DE SUPPRIMER LA PIPE, LE TABAC, LE PETIT APÉRO DU SOIR ET DE SURVEILLER TON ÉQUILIBRE !
ÉQUILIBRE !... ÉQUILIBRE !... FILS, PASSE-MOI TON SKATE ET TON ÉQUIPEMENT !
!
?
CHÉRI, NON !
PAS D'ÉQUILIBRE, MOI ?!?
PAPA !
WOF !
OÔÔÔÔ !
AAAAAH !
AAAÏE !
PAPA !
MON DIEU, JE ME REPENS !...
C'EST FOU CE QUE JE ME REPENS !
PAPA, FREINE !...
BONG
KSSSS !
...LE FEU EST AU ROUGE !
TUUUUUUT
IIIIIIIIIIIIII
PAPA !
BANG
15 JOURS PLUS TARD...
LE PETIT A DEUX BONNES NOUVELLES À T'ANNONCER !
D'ABORD, TU AS ÉTÉ REMARQUÉ PAR QUELQU'UN QUI VEUT T'ENGAGER DANS SON ÉQUIPE DE SKATE-BOARD, SECTION ACROBATIQUE... ENSUITE, TON TAUX DE CHOLESTÉROL A FORTEMENT DIMINUÉ !
©Roba 1991 1055

(1) LIGUE ANTI TABAC.

OUAH! VISE-MOI LE COSTARD DE BILL, HÉ !
PLUS PLOUC QUE ÇA, TU MEURS !
PASSE-NOUS LE NOM ET L'ADRESSE DE TON TAILLEUR !
OUAIS ! POUR L'OUBLIER AUSSI SEC !
HÉ, BILL ! C'EST DANS UN VIEUX PYJAMA DE TON MAÎTRE QU'IL A ÉTÉ TAILLÉ ?
MOI, JE PENCHERAIS PLUTÔT POUR UN VIEUX DRAP DE LIT !
ÇA VA RIGOLER UN MAX DANS LE QUARTIER ! J'AIME AUTANT TE LE DIRE !
DANS LE QUARTIER ? TU PLAISANTES ? MÊME LA PROVINCE VA SE GONDOLER !
1057A
?
?
KO-SOTO GARI ET KO-UCHI GARI !
BOM !
UKI-WAZA, TANI-OTOSHI ET O-SOTO-GURUMA !
MESSIEURS, QUE CECI VOUS AIDE DORÉNAVANT À NE PLUS CONFONDRE UN VIEUX PYJAMA ET UN JUDOGI (KIMONO) AVEC CEINTURE NOIRE 2ème DAN ! SAYONARA ! (1)
© Roba 1991 1057B

(1) AU REVOIR

JE VIENS DE LA CHAMBRE DE TON FILS.
DE NOTRE FILS!
OUI, BON, SOIT. MAIS REGARDE CE QUE J'Y TROUVE. ET IL Y EN A DES PILES COMME ÇA!
COMICK
RIEN QUE DES "B.D."! TU TE RENDS COMPTE?
TU EN LISAIS AUSSI QUAND TU ÉTAIS ENFANT!
AH, JE TE DEMANDE BIEN PARDON!... MAIS JE NE LISAIS PAS QUE ÇA, MOI! J'ADORAIS L'HISTOIRE PAR EXEMPLE.
J'ÉTAIS PASSIONNÉ PAR DES PERSONNAGES HISTORIQUES!... D'ARTAGNAN, ROBIN-DES-BOIS, IVANHOÉ, LE CAPITAINE FRACASSE, ETC... ETC...!
1058A
ET LA GÉOGRAPHIE?!? JE LISAIS DES ATLAS, AUSSI! C'EST PAS AVEC SES "B.D." QU'IL TE DIRAIT LE NOM DE LA CAPITALE DU GUATÉMALA!
IL TE DIRAIT GUATÉMALA CITY. (1)
TOI, TU INVENTERAIS N'IMPORTE QUOI POUR LUI DONNER RAISON! MAIS ÉCOUTE PLUTÔT... JE PRENDS UNE PAGE AU HASARD. JE LIS: BING! CLANG!
(1) EXACT!
ET C'EST PAS FINI! IL Y EN A À CHAQUE PAGE... DZING! CLING! CRRAC! FLOUCH!
TOUT L'ALBUM EN EST REMPLI!
ET VOILÀ LE GENRE DE LECTURE DE NOTRE F...
?!
BING! DZING!
CRRAC! CLING!
FLOUCH!
© Roba 1991. 1058 B.

EXPÉRIENCE RÉUSSIE, NON PAR VON BRAUN, MAIS PAR LOULOU (ANNÉES 1950)

CE SOIR, FINALE DE COUPE D'EUROPE ENTRE LE SPORTING ET L'OLYMPIC!... JE SUIS FIN PRÊT!
C'EST PAS POUR VOUS ENNUYER, MAIS VOUS AVEZ COMPRIS QU'IL FAUDRA QUE CHACUN VAQUE À SES OCCUPATIONS PENDANT QUE JE REGARDE MON MATCH À LA TÉLÉ!
PAS QUES-TION! MOI, JE VAIS REGARDER LA FIN DE MON FEUILLETON!...
... ENSUITE, POUR BOULE, IL-Y-A ROBIN-DES-BOIS, ET EN FIN DE SOIRÉE, BILL ATTEND DE VOIR LES "101 DALMATIENS" ET IL N'Y A PAS DE GRMBLGR QUI TIENNE!
GRRMBL, BLMGR!
1060 A
Y-A-T'IL UN HOMME DANS LE QUARTIER QUI SOUHAITE FAIRE PARTIE DU CLUB DES MARIS MARTYRISÉS POUR RAISONS DE FOOT-BALL?
OUI, MOI!
MOI!
MOI!
J'EN SUIS!
J'ARRIVE!
MOI!
PRÉSENT!
'Y A QU'À ALLER CHEZ "JEF", IL A LA TÉLÉ!
OUI, MAIS IL EST POUR LE SPORTING!
QUELLE QUE SOIT L'ÉQUIPE QUI GAGNE, J'OFFRE UNE TOURNÉE!
JEF
JEF
ATTEN-DEZ-MOI!
QU'EST-CE QUE VOUS AVEZ CONTRE LE SPORTING?
IL Y A DÉJA DU MONDE... ÇA VA ÊTRE DÛR DE SE CASER!
© Roba 1991
1060 B

OH, LÂLÂÂ ! QU'EST-CE QU'ON PEUT S'ENNUYER !
TOUJOURS LA GRÈVE DES PROFS !
AU DÉBUT, ON TROUVE ÇA TRÈS CHOUETTE !
C'EST VRAI, MAIS...
...APRÈS QUINZE JOURS !...
...ON NE SAIT PLUS À QUOI JOUER !
SOUPIR
JE SAIS À QUOI ON VA JOUER ! ATTENDS, JE REVIENS !
1061 A
TIENS, VOILÀ POUR TOI. UN CASQUE, UNE ÉPÉE ET UN COR.
?
?
MOI, JE SUIS L'EMPEREUR CHARLEMAGNE, ET TOI, TU ES LE FIDÈLE ROLAND. BILL EST TON ÉCUYER. TU VAS COMBATTRE À LA BATAILLE DE RONCEVAUX !
IL FAISAIT DE LA MUSIQUE EN PLEINE BATAILLE, ROLAND ?
MAIS NON, SOT ! S'IL SOUFFLE DANS SON COR, C'EST POUR SIGNALER QU'IL A ÉTÉ TRAHI, QU'IL EST ASSAILLI ET ENCERCLÉ !
AH, BON. MAIS, DIS... PENDANT QUE JE FAIS LA GUERRE, TU FAIS QUOI, TOI ?
C'EST VRAI, ÇA !
JE VAIS RÉINVENTER L'ÉCOLE !
!
!
© Roba 1991
1061 B

DING
DONG
BONJOUR, PETIT! TES PARENTS SONT LÀ? SI OUI, T'AS QU'À LEUR DIRE QUE C'EST POUR UN SONDAGE.
?!
M'MAN! P'PA! C'EST UN MONSIEUR QUI VEUT NOUS SONDER!
UN GOSSE ET UN CHIEN... ÇA COMMEN-CE MAL!
GRR!
DITES, ÇA VOUS AMUSE, VOUS, DE VENIR EMM...NUYER LES GENS ET DE FAIRE PEUR À UN ENFANT?!? NON, MAIS!
MAIS, MONSIEUR! IL NE S'AGIT QUE DE QUEL-QUES QUES-TIONS BA-NALES!
CE N'EST RIEN, MON CHÉRI C'EST UN MON-SIEUR QUI POSE DES QUESTIONS.
MON PROF AUSSI A CETTE MANIE.
ET PUIS, ON N'A PAS QUE ÇA À FAIRE, VOYONS!
ÉCOUTEZ, MONSIEUR, JE VOUS EN SUPPLIE, NE SOYEZ PAS MON 63ème REFUS!
ALORS, POUR ME FAIRE PLAISIR, RIEN QU'UNE QUESTION, UNE!... QUE JE VOUS CHOISIS PARMI LES 229 AUTRES! AH! EN VOICI UNE JOLIE!
UNE! SOIT.
1062A
QUELLE EST, DANS VOTRE MÉNAGE, LA PLUS FORTE PERSONNALITÉ?
JE VOIS. HEU... VEUILLEZ PATIENTER UN INSTANT JE VOUS PRIE.
?
BZZZ... BZZ... BZ BZZZ...
HMM... MHMM!
!
RÉPONSE CERTIFIÉE SINCÈRE! CERTES CONCERTÉE, MAIS NÉANMOINS SPONTANÉE!
J'AURAIS JAMAIS DÛ QUITTER L'AGRICULTURE!
HA! HA! HA!
HA! HA! HA! HA! HA! HA!
WAF! WIF!
© Roba 1991
1062B

JE PENSE QU'ICI, EST L'ENDROIT IDÉAL POUR CE JEUNE POMMIER.
ALLONS-Y!
TUMP TUMP TUMP
ET S'IL SE DÉVELOPPE NORMALEMENT... DANS UN AN...
...ON PEUT ESPÉRER AVOIR DÉJA QUELQUES POMMES.
1063A
DES REINETTES ÉTOILÉES... MIAM, MIAM!... LÃÃÃ... IL N'Y A PLUS QU'À LUI METTRE UN TUTEUR.
LE VOILÀ PLANTÉ ET SOUTENU... À LUI ET À DAME NATURE DE FAIRE LE RESTE.
ES-TU SÛR QUE CE SOIT LA BONNE SAISON POUR PLANTER?
FILS, AUJOURD'HUI, C'EST LA Ste CATHERINE. ET LE VIEIL ADAGE DIT QU'À LA Ste CATHERINE TOUT CE QU'ON PLANTE PREND RACINE!
PLUS TARD...
© Roba 1991
1063B

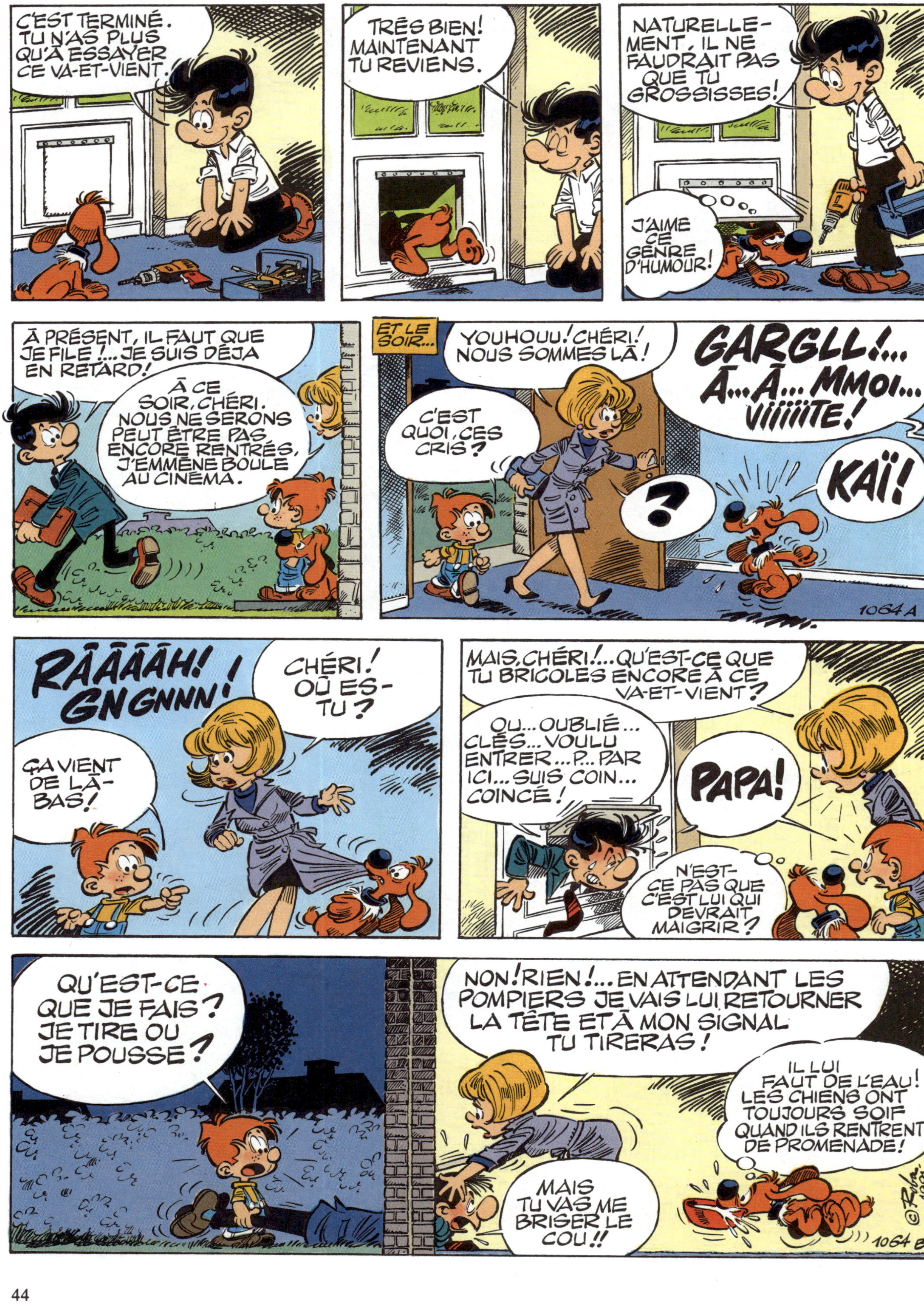
C'EST TERMINÉ. TU N'AS PLUS QU'À ESSAYER CE VA-ET-VIENT.
TRÈS BIEN! MAINTENANT TU REVIENS.
NATURELLE-MENT, IL NE FAUDRAIT PAS QUE TU GROSSISSES!
J'AIME CE GENRE D'HUMOUR!
À PRÉSENT, IL FAUT QUE JE FILE!... JE SUIS DÉJÀ EN RETARD!
À CE SOIR, CHÉRI. NOUS NE SERONS PEUT ÊTRE PAS ENCORE RENTRÉS, J'EMMÈNE BOULE AU CINÉMA.
ET LE SOIR...
YOUHOUU! CHÉRI! NOUS SOMMES LÀ!
GARGLL!... À... À... MMOI... VIIIIITE!
C'EST QUOI, CES CRIS?
?
KAÏ!
1064 A
RÂÂÂÂH! GNGNNN!
CHÉRI! OÙ ES-TU?
ÇA VIENT DE LÀ-BAS!
MAIS, CHÉRI!... QU'EST-CE QUE TU BRICOLES ENCORE À CE VA-ET-VIENT?
OU... OUBLIÉ... CLÉS... VOULU ENTRER... P... PAR ICI... SUIS COIN... COINCÉ!
PAPA!
N'EST-CE PAS QUE C'EST LUI QUI DEVRAIT MAIGRIR?
QU'EST-CE QUE JE FAIS? JE TIRE OU JE POUSSE?
NON! RIEN!... EN ATTENDANT LES POMPIERS JE VAIS LUI RETOURNER LA TÊTE ET À MON SIGNAL TU TIRERAS!
IL LUI FAUT DE L'EAU! LES CHIENS ONT TOUJOURS SOIF QUAND ILS RENTRENT DE PROMENADE!
MAIS TU VAS ME BRISER LE COU!!
© Roba 1991
1064 B

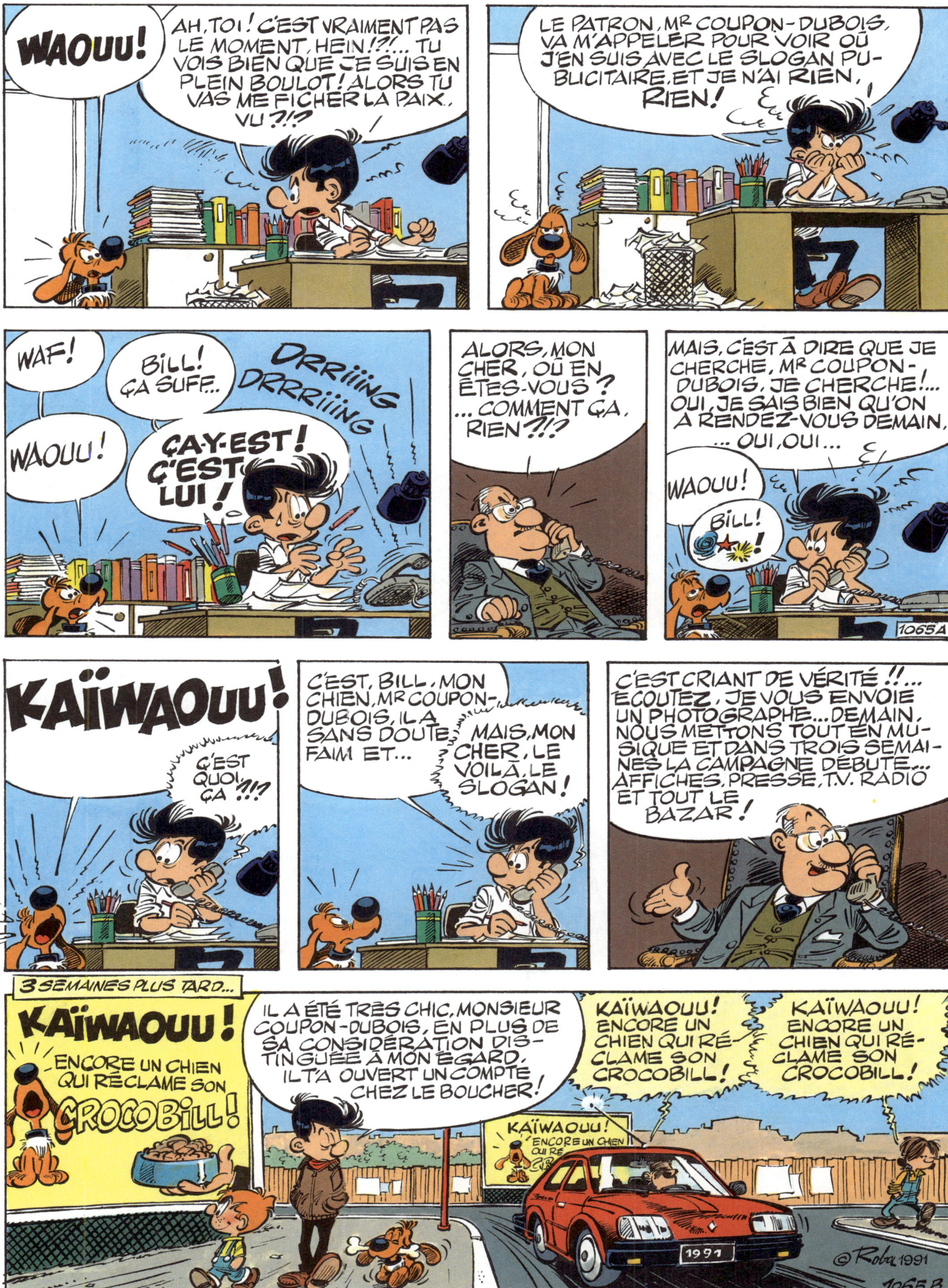
WAOUU!
AH, TOI! C'EST VRAIMENT PAS LE MOMENT, HEIN!?!... TU VOIS BIEN QUE JE SUIS EN PLEIN BOULOT! ALORS TU VAS ME FICHER LA PAIX... VU ?!?
LE PATRON, Mr COUPON-DUBOIS, VA M'APPELER POUR VOIR OÙ J'EN SUIS AVEC LE SLOGAN PUBLICITAIRE, ET JE N'AI RIEN, RIEN!
WAF!
BILL! ÇA SUFF...
DRRIIIING DRRRIIIING
WAOUU!
ÇA-Y-EST! C'EST LUI!
ALORS, MON CHER, OÙ EN ÊTES-VOUS ? ... COMMENT ÇA, RIEN ?!?
MAIS, C'EST À DIRE QUE JE CHERCHE, Mr COUPON-DUBOIS, JE CHERCHE!... OUI, JE SAIS BIEN QU'ON A RENDEZ-VOUS DEMAIN, ... OUI, OUI...
WAOUU!
BILL!
1065A
KAÏWAOUU!
C'EST QUOI, ÇA ?!?
C'EST, BILL, MON CHIEN, Mr COUPON-DUBOIS, IL A SANS DOUTE FAIM ET...
MAIS, MON CHER, LE VOILÀ, LE SLOGAN!
C'EST CRIANT DE VÉRITÉ!!... ÉCOUTEZ, JE VOUS ENVOIE UN PHOTOGRAPHE... DEMAIN, NOUS METTONS TOUT EN MUSIQUE ET DANS TROIS SEMAINES LA CAMPAGNE DÉBUTE... AFFICHES, PRESSE, T.V. RADIO ET TOUT LE BAZAR!
3 SEMAINES PLUS TARD...
KAÏWAOUU! ENCORE UN CHIEN QUI RÉCLAME SON CROCOBILL!
IL A ÉTÉ TRÈS CHIC, MONSIEUR COUPON-DUBOIS, EN PLUS DE SA CONSIDÉRATION DISTINGUÉE À MON ÉGARD, IL T'A OUVERT UN COMPTE CHEZ LE BOUCHER!
KAÏWAOUU! ENCORE UN CHIEN QUI RÉCLAME SON CROCOBILL!
KAÏWAOUU! ENCORE UN CHIEN QUI RÉCLAME SON CROCOBILL!
KAÏWAOUU! ENCORE UN CHIEN QUI RÉ
1991
© Roba 1991
1065 B

?
© Roba
1991
1066